開卷隨筆

李維、風見喬、倪小恩、破風 合著

天空數位圖書出版

目錄　　李維

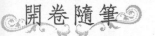

目錄

風見喬

目錄　　倪小恩

目錄　　　破風

目錄　　　　破風

踏上科幻之旅

《妖火》

文：李維

　　《妖火》是「衛斯理系列」中第一部包含科幻元素的作品。它不僅內容豐富、結構緊密，而且盡顯倪匡前輩匠心獨運的創意。環繞第二次世界大戰結速後二十多年的日子，牽涉到世界大國的起跌得失，引入人勝。至少故事提及到的高端科技，是有實現的可能。數十年後重溫，書中的確有不少物事，這世界早已流行了，證明倪匡先生的遠見。

　　似乎小說主角都會交上好運，僅僅第三個衛斯理的故事，就出現第四位傾情於主角的美女，這次是張小娟（之前的有黎明玫、石菊及白素）。這叫人妒忌、羨慕又氣憤：「天啊！為什麼幾乎每個遇上衛斯理的美女都對他一見傾心？難道衛斯理的樣子真的如「新衛斯理」余文樂一樣嗎？引用許文標的金句之一：『公平嗎？』。」不過，這也十分正常，小說是作者的作品，不寫到自己很強，難道會寫自己很弱嗎？不過，無論強弱，也是作者的個人選擇啊！

　　即使如此，瑕還是不能掩瑜。倪匡先生注入改變動物基因及人可化作冬蟲夏草的橋段，創意及前瞻性兼備，野心家可以利用改變基因而控制人類。故事壓軸一幕出現的大人物更是呼之欲出。在那些年已有般前衛的創意，實屬難能可貴。

　　當然，凡事沒有完美，故事也有可以犯駁之處，例如為什麼衛斯理把司機困在升降機頂後一直都沒有醒過來？若不是種種巧合出現，衛斯理的計劃豈會行得通？雖然這故事算不得完美，但整體結構完整，亦有很多意想不到的劇情。例如：荒郊別墅中出現的妖火、吃素的黑豹、還有印弟安侏儒、甚至是海底總部，科技領先全世界，野心家在統治地球前，已將世界分配給每一位野心組織的人，一切一切都令人覺得很新穎。

　　還有提到雙生子的性格，一正一邪，是否都是如此？就不得而知了！張小龍為了拯救地球而犧牲自己，這偉大情操，實在令人佩服。

實藏「得而復失」

《地底奇人》

文：李維

　　小弟一拿起這本書《地底奇人》，便欲罷不能，前後看了至少五次，甚至更多，雖然還沒牽涉科幻，但奇情、現代武俠、還加上各幫派及尋寶，實在精彩至極。

　　《地底奇人》依舊以敍述衛斯理的傳奇故事為主，當然少不了讓主人翁一見傾心的女人，繼黎明玫及石菊之後，衛斯理今次遇上的不是別人，而是整個系列中的要角之一、衛斯理生命中最重要的女人：白素。

　　這個故事中白素的父親和哥哥、白老大和白奇偉登場。白奇偉是個心高氣傲的人，他更想有一番作為，可是他後來性情大變，這乃後話。此外，書中出現了很多昔日的幫會領袖，他們因中國政局大變而流落到香港，可是他們昔日的風光已不再，教人唏噓。

　　故事接近尾聲，有關各幫會的寶藏之秘密終於被揭開，看來眾人寶藏「到手」是理所當然。可是一場火山爆發，卻令他們最後一無所得。其實小弟認為，若棄白老大的方法而改用宋富之方式，寶藏或得保全。然而這看來是「衛斯理系列」的作風，就是寶藏近在眼前卻最終化為烏有。

　　最後，小弟閱讀的同時，也驚嘆科技發展神速。《地底奇人》寫於六十年代中，在小說中的鋼琴仍需倚靠人躲在琴下控制方可彈奏，衛斯理用攝影機拍下宋富行兇過程，拍攝完畢後還要沖洗底片才可播放，與今天的數碼拍攝科技相比之下實在是普通不過了。

權力使人瘋狂

《地心洪爐》

文：李維

　　繼承之前的故事，衛斯理依舊周遊列國，每一本小說都幾乎都會到不同的國家，這次還遠赴南極，並且神奇地遇上了北極熊，但倪匡先生承認了自己的疏忽，不過，也表示這些小節其實影響不了整個故事的吸引程度。

　　《地心洪爐》借用外星人的科技告訴大家，地球的地心是充滿不確定性，而且，人類也十分貪心，別說本書寫在上世紀六十年代，直至今天二十一世紀也十多年了，仍然無法預測地震，連地球都還沒有了解，就想著探索太空。即便是近年已能觀察到颱風，不過，要確實預測到颱風的走向，還是沒有辦法。

　　還有一個更有趣的是，連這些天氣都未能完全掌握，就有野心家想進行氣象戰，這些正正就是作者倪匡先生想表達的想法，好高騖遠。在沒有為人類謀求幸福前，還要想征服世界，就是變相毀滅人類。

　　當然這些想法，正正也是書中所提到的權力使人瘋狂，就連衛斯理也不例外，當一個人擁有至高無上的權力時，都會自我膨脹，覺得自己十分偉大，多少人為了權力而犧牲了性命，都是想掌握這玩意，實在使人無奈。別以為這只是少數人才有這樣的機會，大至可以控制世界是權力之一，但少至一家公司的管理層，同樣也是有權力之後，人就會變了，小權力未至於瘋狂，但總會有些變化，總會有些人覺得，擁有權力之後，自己就變得偉大。

不平凡的平凡外星人

《藍血人》

文：李維

　　科幻電影或小說故事有不少捧場客，倪匡先生的「衛斯理系列」情節不僅曲折離奇、高潮迭起，在華人社會中讀者無數。其中《藍血人》更是系列中首度以外星人作題材，「外星人」出現在科幻小說中在現今可謂「家常便飯」。然而《藍血人》誕生於六十年代，倪匡先生以「土星人」作為故事人物，可說是突破傳統、推陳出新了。

　　今天，科幻小說或電影中的「外星人」角色身負巨大的力量和異能，為什麼還要去看《藍血人》呢？是因為此作除了貫徹「衛斯理系列」中結局看來「哭笑不得」的風格外，同時為讀者留下不少想像空間，例如主角的自身限制。

　　小說作品中，主角即使不是天賦異稟，就是才貌過人。然而《藍血人》的主角方天，是一名平平無奇的外星人。其控制別人的催眠能力在外星人眼中只是雕蟲小技，同時他也膽小非常，常為害怕身分敗露而擔驚受怕。本來他與同伴想作太空航行，卻因隕石撞擊而流落到地球，最終也要藉衛斯理的幫忙才能返回土星。回到土星後，方發現土星各個國家不斷暗中製造被禁用的毀滅性武器，令自己的同胞的腦部組織已受到嚴重破壞，慘成白癡，方天這位平凡的外星人因

流落地球反而倖免於難。如果方天才智過人卻心懷不軌，與同胞們有相似想法，地球可能不免生靈塗炭了。

畢竟這是衛斯理首次遇上外星人，外星人仍存有不少地球人的性格特點，外表的分別也不大。人會「面紅」，藍血人會「面藍」，原因大同小異。另外，土星人的年齡受太陽的運轉的影響，壽命較地球人為長，這也不是什麼新奇的論述。然而在往後的衛斯理的作品中，外星人的外表和個性跟「藍血人」已截然不同，情節也不斷突破和重新。儘管如此，正正因為方天有如此限制，他的經歷反而更引人入勝，圍繞其發生的事和波折更令小弟不得不追看下去。感到可惜的是，國際刑警要員納天爾遜死在無形飛魔的手下，其實他可以避過死亡而不影響故事發展的。

除了外星人外，令人更感的興趣的是，小說還涉及兩個大國政府（估計是美國及蘇聯）的警備及特務系統，及日本神秘宗教組織、謎一般的君子黨等，相信這些環節足夠構成另一本衛斯理新作的「大綱」。最後，筆者想深入了解的是，倪匡先生提到的六十年代日本，地方骯髒、到處混亂非常，這與大和民族看來大相徑庭，是六十年代日本社會的真實風貌，還是另有原因？可能要倪前輩「出山」為廣大讀者解開疑團了。

印加帝國的滅亡原因？

《透明光》

文：李維

　　世上有不少人總是渴望能夠將自己身體變成透明，但若真的變成透明了，真的會開心嗎？倪匡先生首次將眾人的心願，卻是一個悲劇的想法表達出來，自此之後，類似打破人類的想法不斷出現。

　　從第一集開始，衛斯理足跡遍及義大利、法國、菲律賓、日本，這次終於來到古國埃及。《透明光》描述一塊懷疑天外礦石，可以使人透明，而當人透明後，並沒有想像中的有趣，而是充滿恐懼。而且，遇上冬天時，透明人的生活絕不好過。

　　至於故事內容，並非只有兩名的受害人，這次還扯上殺人集團，兩名受害人相當幸運地，多次避開被殺的危機，運氣可說得上是超級的好。但是，總體倪匡先生就是要表達，透明人並非所想像的美好。同時，還表達了，是否當年盛極一時的印加帝國突然消失了，是否全都因變成透明人有關呢？

　　但在故事裡有小部分似乎不太合情理，尋找失落的金字塔後，在密室內，衛斯理膽敢點亮打火機（最後是點不著），但萬一在洞內的是易燃氣體呢？不是會即時爆炸？以衛斯理的見多識廣，沒有理由會犯下這失誤。

　　另外，衛斯理進入了一個懷疑是真空密室裡，便可以使天外礦物起變化，但難明白的是，既然是真空，他進入後，不是早已非真空了？空氣不會跑進去的嗎？所以，這個誤差早已知道會出問題。而結局，王彥二人消失了，也是一貫衛斯理作風，從此，再也無法考究，曾經有人遇上這些故事。

天馬行空的未來世界

《原子空間》

文：李維

　　《原子空間》是一個充滿幻想的故事！對未來是一個完全幻想的預測。

　　《原子空間》仍然是到外地，不過這次去得更遠，衝出地球，甚至去到外太空。很久沒有出現的白素再次出現了，這次的身分變成了未婚妻，而且，在故事中曾一度被誤認為是遇上空難，後來與衛斯理一起去到一個奇幻的世界。

　　至於說到衛斯理闖進一個天馬行空的世界，並非只說未來世界的科技預測，而是說到一百年後並沒有國家這回事，這預測，個人卻不認同。當然，這本書創作時間是上世紀六十年代，距今已五十年了，那時倪匡先生幻想一百年後的世界或許有他的理由，但在五十年後的今天，卻完全看不到再過五十年可以消除國界。只要有人類的一日，就有貪念，有貪念就不能消除國家，除非出現了一個極厲害的人物，能夠統一地球。

　　另一個天馬行空的是革大鵬的思想，他既然有心稱霸二十世紀六十年代這野心，就不太可能憑衛斯理一句話就能夠消除的，即使他認為歷史過去沒有出現他的名字，我相信，他也會認為能夠改變歷史，當他

擁有超越當代科技的武器及野心時，他必定會嘗試，這或許是這故事的不太合理的地方。

「回到未來」這個詞語在本小說中出現，衛斯理口中表示感到很奇怪，未來又怎能回到呢？但這小說誕生二十年後的八十年代，美國有部電影就是稱作《回到未來》，所以，實在佩服倪匡先生的遠見。

整體來說，本故事相當有趣，除了出現時光的前進與後退外，原子的壓縮，使半架飛機變成小塊金屬同樣也很有趣。

人心險惡外星人也不敵

《支離人》

文：李維

　　《支離人》繼續外國之旅，這次衛斯理又跑到埃及了。剛開始只是朋友的家裡鬧鬼，後來漸漸地發現與鬼魂無關，那是人，只是一個可以身手分離的人類。

　　這位可以使手腳自由離體，到處飛翔的人是鄧石，因偶然之下，擁有了外星科技的「錯誤」，使他在地球變成了超人，這種意外，確實表現出地球的落後。不過，雖然這故事很有創意，卻有些位置卻很不合理，正如作者倪匡先生都說，遊離的手，應該是不能漂浮在空中，沒有任何動力可以飛起來，這可能是他在創作時，並沒有想到這一點。不過，雖然很不合理，不過既然是小說，只要故事夠吸引，少許不合理則無傷大雅。

　　書中提到的某國，應該是蘇聯，感覺上如此，雖然又牽涉到政治，但這次並不算太多，主要是取得解藥，及與鄧石的多次衝突而成的。而衛斯理這次又再遇到了外星人的牛頭大神，不過相遇的過程，卻似乎有點簡單，這位外星人兩次被地球人騙了，都頗為有趣，外星人雖然科技先進，頭腦卻很簡單。到底是外星人思想單純？還是地球人人心險詐？

　　而這次提到的原子在空間的游離狀況，這在五十年前已經有這種想法，再一次證明倪匡先生是很有遠

見的，還有金屬片等於一家電子工廠，有點像現在的晶片，倪匡的小說真的不會過時。

　　故事最後的部分，那個外星「盒子」的結局，也是衛斯理故事的傳統，永久消失了，再次留給讀者想像的空間。

真實與幻想互相配合

《天外金球》

文：李維

　　《天外金球》用科幻加上真實的故事而互相配合，洽到好處，令讀者看來，就像是真實發生的一樣。

　　《天外金球》仍然是衛斯理的一貫作風，故事發生在外地，這次是在印度，及書中並沒有提到的中國，或者貼切一點應該稱為西藏，就是衛斯理及白素從印度偷偷的到了西藏。

　　書中提到的神宮，很明顯的就是布達拉宮，這次的主角其實不是衛斯理，而是白素，她偷進西藏，然後勇闖布達拉宮。整體來說，故事十分曲折精彩，非常好看。不過，衛斯理提到有一個小小的破綻，而我同樣也有。雖然書中都有提過的，如為何一定要外人才能達成取金球的任務呢？神宮中能夠行走自如的高手，為什麼不能從中把金球運出來呢？這真的難以理解！當然，如果神宮的人輕鬆地偷運出來，就不會有這個故事了。

　　最後的一章節，談到錢萬人先暗算衛斯理反被暗算，衛斯理明知道對方是一個高手，還輕易的放開他，幾乎敗得很慘，這部分也是有所缺點，而白老大及時出現，挽救了他，也是故事中的結構。

　　至於金球原來是一艘飛船，這創意非常好，而故事的結局同樣是衛斯理的作風，自此之後就沒有音訊了，這樣的結果，外星人最新狀況如何，自然不得而知了！讀者們亦無法深究，留給讀者們幻想空間。

長生不老真的值得追尋？

《不死藥》

文：李維

　　《不死藥》繼續衛斯理周遊列國的「傳統」，這次出國的地方是帝汶島，在太平洋的一個神祕的漢同架島。整體故事還是非常精彩，曲折離奇，不過，還是有兩個似乎不太合理的地方，就在小說的開始及結尾。

　　故事開始時，衛斯理竟然幫助一位被判死刑，而完全不認識的人去逃獄？正常的人都應該不會這樣做吧！除非真的有很大很大的冤枉成分，否則怎麼可能呢？重點是在不認識，如果是老朋友的話，或許還有點可能性。

　　結尾的部分，應該大部分讀者都想得到，必定是不死藥既然是一喝之後就不能斷，衛斯理又怎能例外？結果就是有例外，當然，小說的主角當然不可能有事，否則小說就無法創作下去了，這兩點雖然不合理，不過，卻沒有影響這篇小說的精彩可觀性。

　　故事的可觀性，整個計劃都是駱致謙所設計的，而衛斯理則一次又一次的落入失敗境地，似乎每一步都被駱致謙所計算之內，卻又是無力還擊。在與駱致謙的鬥智鬥力過程中，非常峰迴路轉，同時都能夠看到人性的醜惡。

　　除了故事繼續周遊列國的「傳統」外，這故事也是倪匡先生的另外一個「傳統」，該小島位在南太平洋一個隱世的地方，你與我都是沒有可能找到的，只能夠相信緣分才得以抵達，這種「傳統」也是衛斯理小說吸引的地方。

外星人的一次意外

《紅月亮》

文：李維

　　《紅月亮》裡，衛斯理繼續出國，而這次出國的地方，是西班牙的一個小鎮，而首次出場的衛斯理好朋友——巴圖，同時介紹了一個美國的冷門部門「異種情報處理局」，是否真的有這個部門存在，其實是不重要的，重要的是，這「部門」對於整個故事的結構，起到什麼作用。

　　故事剛開始時，真的非常特別，在西班牙的一個小鎮，天空上突然出現了紅色的月亮，而因為巴圖的關係，結果就讓衛斯理跟這位好朋友一起調查。

　　整體故事其實並沒有太多驚喜，不過，當中衛斯理形容外星人的外貌，套上人形衣服，引伸了「衣冠禽獸」這成語，真的非常貼切。而書中又再一次借用外星人的口中，道出人類的不堪，並且隱喻了，人類最終會自我毀滅，在作品問世數十年後的今天來看，仍然只有無奈。

　　本故事的外星人，神通廣大就早已預料得到的，沒有本事的外星人，又怎能來得到地球？這次的外星人還懂得刪除記憶，並且可以選擇性的，例如可以刪除一日的思想，近年都有些電影有談及這方面的事情，但倪匡先生卻創作了數十年。雖然這是一個故事，但我相信人類的記憶，的確如此，因為過去曾聽過一位朋友訴說他的一段經歷，他的同學因為踢足球被撞到腦部，結果，他失去了一年記憶，而且，還是剛好一年，沒多沒少，所以，我相信人類的記憶是可以逐段處理的。

我们都是外星人

《頭髮》

文：李維

　　看過多本衛斯理的小說，《頭髮》其實是我的最愛，主要原因除了是有創意，及獨特見解之外，也證明了倪匡先生的觀察入微，並且再次對人類的劣根性作出批判，而將四大宗教連成一家，這個想法實在令人佩服。

　　這次衛斯理又遠赴尼泊爾、印度、甚至是巴西，是一貫的衛斯理故事作風。而所謂的遠古古物，原來是外星的高級之物，人類正是從這顆星而來，所有人類都是來自這顆星，我們都是外星人，並不屬於地球人。當中的最大特徵，就是人類與其他地球生物最大的分別是，人類有頭髮，其他動物並沒有頭髮這東西。

　　原來我們是外星人的後人，我們的祖先在祖家犯了錯，被放逐到地球這地方，而這裡的生活條件比故鄉差很多，不過，已被認為是很好的懲罰。故鄉的人也沒有放棄我們，還是派了四位使者來到地球，導人向善，等大家可以合符資格回到故鄉。

　　四位使者Ａ、Ｂ、Ｃ、Ｄ（分別指佛祖釋迦牟尼、耶穌、老子李耳及穆罕默德），來到地球後創立了不同的宗教，無論是那一種方式，都是導人向善的教義，並且讓人能夠早日回歸「天堂」，即使「天堂」的稱呼不同，意思都是指故鄉的星球。

　　這故事還有一個有趣的地方，倪匡先生因為暫停六年沒有寫小說，復出時正好利用這故事的背景，解釋了為何「失蹤」，原來是：「山中方七日，世上已千年！」

愛情是愛肉體還是靈魂

《實狐》

文：李維

　　衛斯理於三十多年前所寫的，非一人稱的代表作之一：原振俠傳奇《寶狐》。

　　故事以中國民初的軍閥少帥與狐仙相戀，事實上所謂狐仙卻是沒有形體的外星人，並且她是宇宙的惡靈，二人相愛後的結果是，惡靈改邪歸正，少帥終生不娶。

　　小說當中引人之處，大家都在猜測到底少帥是誰？袁世凱的兒子袁寒云？蔣介石的兒子蔣緯國？作者倪匡先生其實一再強調，小說就是小說，不用求真。背景似乎是這兩位公子二合為一，後來失蹤的情節，就是杜撰。反正，小說都是虛構，認真的話就沒有意義了。

　　小說中的男主角冷自泉，可以找到能夠如此到迷戀對象時，那種感覺實在難以形容。愛情真的能改變所有人嗎？故事中的惡靈，可以因為冷自泉的愛情，竟然改邪歸正。冷自泉同樣為了愛她，選擇終生不娶，甚至乎連軍政大權也不要，甘願過平凡的生活，同樣是不可思議。

　　所謂的寶狐，實在身分是一位外星人，並且沒有形體，只是一組思想。只是剛好與地球人冷自泉發生感應，讓她變成了他想要的樣子，真的是有多美便有

多美，身材有多完美便完美，因為都是來自冷自泉所想像。至於外星人是否有分為雄性或雌性也不得而知，事實上是沒有形體。

談到愛情，其實是是兩組思想的交流，似乎跟肉體沒有關連。不過，冷自泉與寶狐交往過程中，卻能夠實在感覺得到，因為人的思想在大腦，只要控制腦電波，使人可以真實的感應得到。寶狐這外星人，有能力控制地球人的思想，所以，他可以碰到她，接觸到她，甚至可以魚水之歡。沒有肉體都變成有肉體的接觸。

世人會否也是如此？兩位相愛的人，除了精神的交流外，還是要有肉體的交流，似乎缺一不可。沒有肉體的歡愉，似乎難以達到最高境界。

外星人寄生

《老貓》

文：李維

　　這部小說大約是十多年前第一次看，在那之前曾經看過香港的電影版，但不建議沒看過的人看，因為極其噁心與恐怖，看了只怕噩夢連連，說不定還得花錢收驚，所以就這樣勸大家了，如果是喜歡早期恐怖片的人，或許可以看看。

　　電影畢竟是改編的，無法完整演出原著想表現的，但至少保留了大約一半，這是電影跟小說的差別，至於小說是否恐怖跟噁心，就見仁見智了，我個人覺得還好而已，可能是因為這些年來，已經歷了屍速列車、末日之戰、奪魂鋸等電影，早就對這些畫面無感。

　　不同於衛斯理系列的其他小說，雖然懸疑，但從頭到尾的劇情都圍著老貓，不難猜到部分的內容會怎麼發展，所以只花了半天就看完，而且記得的片段還不少，但這只是我個人的感受而已，換成別人，就不得而知了。

　　靈魂附體這種題材，或是外星人寄生的題材，幾十年來其實一直都存在，這不會是第一部，更不會是最後一部，至少今年就看了張震的緝魂，那也是將靈魂移至另一個軀體的電影，就算是漫威的電影驚奇隊長，也用了類似的題材，只不過外星人是模仿外型，而沒有寄生，事實上有機生物都會有壽命的問題，我們只能透過不斷繁衍，才能讓人類生生不息，但終將要面對地球或太陽系毀滅的那天，我們能否進化，像老貓這本小說寫的，這樣人類的未來才有希望。

換腦手術

《合成》

文：李維

一如倪匡其他的小說，必須全部看完，才能明白小說到底講的是什麼？請原諒我直接破題，把答案講出來，小說的後半段，都是圍繞在換腦手術中，只不過換腦這個想法太過離譜，沒有把「排斥」考慮進去，更離譜的是把猿猴的腦換到人的身體上，並且讓猿猴的力量直接變到人體上，這是另一個比較有爭議的地方，因為有基因缺陷的人又怎能力大無窮呢？充其量只是擁有猿猴的思維，但肢體無法如原來那般靈活與力大無窮。

科學家做實驗是家常便飯，為了成功，會用激烈或偏激的手段也不難理解，成功固然很好，失敗的話可能連命都沒了，但既然都選擇偏激的手段了，就該知道會有副作用，只是輕微跟嚴重的差別而已。

衛斯理的鍥而不捨，雖然找到真相，卻讓不是兇手的嫌疑犯自殺了，因為嫌疑犯認為自己是幫兇，害了手術對象，也害死了科學家，但這裡同樣有誤謬，如此重大案件的嫌疑犯，怎會被關在一般牢房？而不是關在特殊牢房，來降低嫌犯自殺的可能。

但因為這只是小說，不是真實生活，我們可以忽略這些誤謬或是爭議，只要隨著劇情發展，用腦袋將文字轉成畫面，一想到書裡的兇手是腦袋被摘除，換了猿猴的腦袋，不禁搔了幾下後腦勺，也太恐怖了，完了，今晚肯定會惡夢連連，下次看衛斯理系列，還是別這麼用心看了。

電腦變戀人

《筆友》

文：李維

　　跟所有暢銷的小說一樣，要先把腦袋清空，然後才開始翻閱倪匡的小說，尤其是衛斯理系列，都是非常懸疑，錯過了任何一行字，都可能沒辦法往下銜接，最好能夠一鼓作氣，一次看個幾十頁再休息，否則下次再看，能否進入劇情之中很難說。

　　筆友在從前的年代，是雜誌社賺錢的手段之一，顧客花錢在上面刊登自己的資料，等待未知的人買了雜誌之後寫信過來，然後回信，整個通信的過程可能只有一封信，也有可能數十封，甚至幾百封，通信的目的可能是純友誼，也可能談情說愛，最後見面，再決定是否繼續下去。

　　《筆友》這部小說，是在上世紀六十年代完成，當時的電腦只能算是雛形，即使經過六十年，電腦已經聰明許多，也越來越人性化，但也不足以變成一個人，或許在不久的將來會實現，但以目前的狀況，恐怕得再等個幾百年才有機會了。

　　某種程度來說，這部小說寫的就是魔鬼終結者的部分劇情，電腦產生了意識，並以發射核彈要脅，為的只是想要跟筆友見面，當然最後核彈沒有發射，也沒有造成世界末日，但這只不過是結局的設定不同而已，兩者的思維基本上是相同的，既認為核彈危險，也認為電腦不夠可靠，總有一天會造反，讓人類付出慘痛的代價，提醒人類應該慎用這兩種東西，不過核彈的總數越來越多，電腦已全面進入人類生活，看來這提醒變成了耳邊風，沒人搭理。

《說真話的勇氣》

文：風見喬

　　第一次知道北野武這號人物，是上大學時的其中一堂課，老師播放北野武的《花火》電影給我們看，他的電影帶有一種暴力美學，在日本演藝圈也是滿有話題性的一位人物，前幾年看到他出了新書，便也毫不猶豫地買了。

　　北野武《說真話的勇氣》這本著作，果然很像他的作風，想說什麼就說什麼，但也因為這樣才能讓讀者用更多不同面向去思考「道德」這件事。相信很多人從小就被要求對人要有禮貌，在外面搭公車看到長輩要讓位，即便你累得要死，因為我們為了要在別人面前有個好的印象，留個好名聲，因為過度善良與熱情促使我們如果不跟著社會大眾的規範走，該死的人就是自己。

　　在亞洲社會的文化裡，很容易被道德綁架，例如不扶養自己的父母，就是不孝，但從來沒有人了解過為何小孩不願照顧自己的父母，更常常有人拿出「天下無不是的父母」這句話來打壓。書裡提到「為何邊走路邊看書的人可以贏的讚賞，邊走路邊划手機的人卻遭到白眼？」其實不專心走路本來就是件錯的事，但為何看書的人不會受到責罵？或許是因為看書比較符合社會道德吧！

　　這本書有很多值得省思的論點，學會說真話以及建立自己的價值觀，比起個人的道德，更應該重視人類全體的道德，這也是最後底線及踩煞車的角色。

《不穿裙子的女生》

文：風見喬

　　在書局看到這本書名的時候，我便毫不猶豫地拿起來閱讀，因為我自己本身也是個不愛穿裙子的女生，一翻開閱讀了幾頁，覺得非常有趣就買回家看，果然不失所望。

　　書中一開始就說明書中女主角為何不喜歡穿裙子，但並不是一開始就討厭穿裙子，反而還很喜歡，直到意識到「『裙子』下面的東西不要隨便給別人看」，以及穿裙子會帶來許多麻煩，才開始對穿裙子這件事反感。故事中段出現了男主角，兩人是國小同學，也是導致女主角不再穿裙子的罪魁禍首。

　　作者用生動活潑的寫作技巧描述了女主角與班上學生的互動，學生也因為從來沒看過老師穿裙子這件事也引起了一場軒然大波。不過，看作者寫到這裡的時候，我是滿好奇真的，會有學生去在意女老師有沒有穿裙子嗎？因為我學生時期遇到的女老師也有從沒看過穿裙子的，但我想這只是個人喜好，或者充其量穿褲子上班比較方便，除非一些公司有分發制服，女生可能就是需要穿窄裙。我也曾因為被長官問說如果需要穿裙子的場合，可以接受嗎？我則是滿臉疑惑的回答可以，因為內心想的是，我只是沒在你面前穿裙子，不代表不能穿裙子啊～

　　這本書其實還有第二部，但作者並沒有出版，只有在網路上發表，這兩部都算是爆笑又感動，不管是男女主角的感情線，或是班上學生即將畢業，都是滿值得再看第二次的書。

《學長我可以追你嗎?》

文：風見喬

　　一打開這本書還沒閱讀幾行，我腦中就浮現出幾個字——「人生勝利組」。故事一開始女主角藍晴天就因為比別人先考上了大學而開始一段悠閒的日子，也因為偷窺對面的男生而開始了後面一連串劇情的發展。

　　故事內容如果翻拍成拍偶像劇也是無違和，藍晴天就像許多小女生一樣，正值十八歲的花樣年華，情竇初開的時期，個性落落大方、外貌姣好、又是考上國立大學的頂尖學生、家境也不錯，還有一個每天都在鬥嘴，但是妹妹受了委屈一定會跳出來保護自己的哥哥，這個人設實在太令人妒忌。

　　藍晴天上了大學，總共有三個直屬學長，而且各個學長都對她非常好，莫凜是藍晴天大三的直屬學長，也是一開始偷窺的對象，這個人設也是帥氣優秀，只是比較沉默寡言。我不僅想起了我大學時期的直屬學長，果然小說還是看看就好，存在幻想裡面也更改不了事實。

　　莫凜其實很早也對藍晴天產生了情愫，但因為受過之前感情的傷害，一直不敢對藍晴天有進一步的接觸，就這樣一直曖昧下去，只到出現一個契機才算是交往了。但是當然作者在最後也來了一個回馬槍，就

是莫凜的前女友出現了，當藍晴天看到莫凜與前女友
在談話的時候，不明就裡的開始腦補各種莫凜出軌的
劇情，藉著自己單方面宣布分手，還好莫凜最後還是
找藍晴天解釋清楚，挽回了感情。

　　這本小說如果是國高中女生閱讀的話，一定內心
會有滿滿的浪漫小劇場，大概會覺得上大學的目的就
是只要談戀愛吧！

《誰說我愛你》

文：風見喬

　　這本書的內容與《學長，我可以追你嗎?》是兄妹作，一本是寫妹妹藍晴天的愛情故事，這本則是寫關於哥哥成浩天的，為什麼兄妹不同姓?因為作者把父親那邊寫成人丁單薄，所以哥哥跟母姓。

　　成浩天與女主角尹嘉恩一開始因為誤會而相識，成浩天的人設就是系上的風雲人物、長相帥氣、成績優秀、人見人愛的模範生，只不過對於愛情有點兒戲，喜歡當中央空調，到處招惹女生，只要手指輕輕一勾，就有數不盡的女生自動送上門來，俗話說：「牡丹花下死，做鬼也風流。」大概就是這個意思吧！不過最後也栽在尹嘉恩這個有個性的女生身上，也算是一物剋一物。

　　女主角尹嘉恩因為擔任學校校刊的總編輯，社團事務繁忙忽略了自己有男友這件事，導致原本的男友喜歡上別的女生，但尹嘉恩覺得是因為自己的過錯才造成這樣的事件發生，不但不責怪他人，還把過錯通通攬到自己身上。尹嘉恩的人設我猜想應該是魔羯座、工作擺第一、有感情潔癖、死鴨子嘴硬，也絕不輕易把「我愛你」三個字說出口，因為一旦說出口，就代表著對這個人要負責到底。

　　兩個人常因為一些小事鬥嘴，整本看到最後其實會有一種「膩」感，會令人覺得「拜託～可以不要這麼幼稚嗎?」但其實大學生的愛情本來就不是很成熟，會變成這樣的劇情發展走向也是無可厚非。

《伊斯坦堡假期》

文：風見喬

　　伊斯坦堡對我來說是個既陌生又嚮往的地方，高聳的清真寺，遼闊的天空，

　　蔚藍的海洋，讓人感覺可以沉浸在這種悠閒裡面，作者用簡單的文字描繪出伊斯坦堡的風貌，讓我帶著浪漫的情懷，細細的閱讀。

　　女主角阿麗斯是一名調香師，因為得到一個算命師的預言，必須進行一次漫長的旅途，而在途中會遇到六個人，並在最後引導她找到生命中的那個人，而伊斯坦堡就是她所要尋找真相的目的地。

　　戴德利則是阿麗斯的毒舌鄰居，他很早很早就喜歡上阿麗斯，但可能出於某種大男人的堅持，而不透露對阿麗斯的愛意，如果以現代偶像劇來說，大概有點類似霸道總裁，對於女主角多番照顧，明明心裡愛得要死，但就是死鴨子嘴硬，還要顯現出一副高冷的樣子。

　　戴德利在阿麗絲徬徨無助的時候出現，陪同她前往尋找真愛，並且在她需要他的時候給了最大的幫助，例如在公園已沒有麵包東西餵鴿子，但戴德利的大衣口袋卻有麵包屑，阿麗絲感冒暈倒在家，他也不眠不休地在身旁照顧她，陰冷的冬天他可以開一輛二

手車載她回家，並且教她開車，那麼無微不至的守在她身邊。

　　故事的最後，阿麗絲明白自己的身世及追求的目標，也在這趟尋找真命天子的旅途中發現原來那個人就在自己身邊，如果沒有經過這趟旅程，說不定阿麗絲永遠不會察覺到戴德利對她的心意，甚至也不會愛上他，還好結尾尚算完美，兩人終究都找到屬於自己的真愛。

《房思琪的初戀樂園》

文：風見喬

　　這本書我買了很久，一直都不敢看，姑且不論裡面內容真假的成分，不可否認的是，這些例子都的確活生生血淋淋地出現在我們身邊。社會新聞也好，親身經歷也罷，這世界上每分每秒都可能正在發生類似的事件。

　　基於這社會對於性觀念的封閉思想，尤其是「被侵犯」這件事情對於被害人來說是難以啟齒的。通常遇到的時候年齡還算很小，剛要開始認識這個世界，根本不懂那個正在侵犯你的人是在「侵犯」，只會覺得不舒服。更何況，大部分說了只會要你息事寧人，畢竟誰想家醜外揚呢！

　　猶記得上國中時才開始教性教育，我的老師沒有草草帶過，也講解的很詳細，可是在這個階段之前，有多少人已經遭遇過不同程度的侵犯。學校沒教，父母更不會教，而且加害者通常都是長輩或自己所信任的人；當歲數漸長才發現原來自己被侵犯了，那時候才懂了，但不敢講，也更不會講。

　　當真相浮出檯面的時候，有一種情況是自己忍不住終於爆發了，另一種是被發現而被逼問出來的，不論哪一種，都是把結痂的傷口撕開，再狠狠的撒上一把鹽，緊跟著的是一場又一場的風暴，措手不及。以

為從此會解脫，不用再背負這個汙點，期望可以獲得救贖，可換來的卻是一層又一層的指責，無限疊加。

為什麼我們面對了，大人反而逃避了?因為他們無法接受這種殘忍且汙穢不堪的事竟然就發生在自己的親人身上，如果連大人都無法面對，當時柔弱無知的小孩要怎麼去面對?又如何去面對?

就算#me,too 又能怎樣？只是喊喊口號而已。

《寂寞，又怎樣》

文：風見喬

　　本書的主角是一個愛看 BL 文以及韓劇的櫃姐——吳小碧，二十五歲正值花樣年華，但卻因為哥哥破產，家裡經濟陷入困難，只好高職畢業就出社會工作。

　　「想要找到一個人來戀愛是一件多麼困難的事。」這是吳小碧替自己的青春下的註解，她寧願把時間花在自己幻想的建築世界裡，獨自享受孤單與寂寞。

　　在商場的樓管主任是她最大的敵人，每天不與她針鋒相對、唇槍舌戰就渾身不舒服，吳小碧自己也知道早晚會被自己的那張嘴害死，但是嘴巴就是動得比腦快，她也沒辦法。接著又遇到從台北調來高雄的企劃行銷主任譚宇勝，一開始也是兩個不對盤，甚至還直接對罵起來，都已經做好離職的準備，但是隔天譚宇勝竟然像沒事一樣，而且還向吳小碧道歉，承認自己先持有成見對待她，看到這裡不免冷笑了一下，因為現實生活中根本不太可能啊！哈！

　　經過了吵架、互相欣賞、到交往這段期間都還算順利，直到譚宇勝的前女友出現，但譚宇勝的處理方式完全是個渣男模式，加上後面從跟吳小碧分手又到復合的情節有點草率，讓人丈二金剛摸不著頭腦，結尾收的不是那麼完美，這個有點可惜。

　　作者雪倫寫作方式非常靈活生動，把主角的形象刻劃的非常明顯，而且還加入當時流行的歌曲及電視劇，事過多年再回看的話會有一種穿越時空，回到過去的感覺。

《有一種寂寞，
是你忘了怎麼愛我》

文：風見喬

讀完這本書很替女主角葉如晚感到心疼,因為她總是很努力地想要生存,不懂別人為什麼可以那麼輕鬆的生活,而她卻要拚死拚活?家裡有個只會情緒勒索又重男輕女的媽媽、一天到晚投資失利只會借錢又不顧家的哥哥、在外面搞大肚子,生下小孩就嗝屁的妹妹,還把小孩直接丟給葉如晚,為此還因而跟婆家鬧得不愉快,甚至離婚獨自一人帶小孩;這種種景象好像就發生在你我身邊,甚至是自己身歷其境。

如同作者所說,「家」是永遠最難解的題,戀人可以分手,朋友可以絕交,但是家人無論怎樣都可以將一切不合理的事情合理化,最終收拾殘局的是家裡那個最有良心的人。葉如晚不懂什麼是自私,雖然她也很想,但是她狠不下心,只要媽媽一通電話,就算再百般不願意,也只能硬著頭皮去解決。

還好在某次機緣下遇到了外送員柳清嚴,突破了葉如晚的心防,兩人性格是南轅北轍,葉如晚極度悲觀,柳清嚴是正面積極,因為他欠了前妻五百萬還可以拿出來說笑。葉如晚常常覺得想死,但是沒時間死,因為有好多事情需要她處理,或許一直支撐她存活下去的理由是那個已經當成親生兒子的小孩,當然最後也找到了親生父親,而她也和柳清嚴經過重重難關而在一起了。

其實一個人寂寞久了真的會習慣,甚至會害怕愛上一個人,但是又渴望被愛,無論如何在這個世界上沒有人不值得愛,但在愛人之前,請先好好愛自己。

《數字狂小姐》

文：風見喬

　　當初買這本書是被書名吸引了，因為對於數字一點都不敏銳的我反而覺得有興趣。書中女主角葛蕾斯是一個有數字強迫症的人，做什麼事都要數，什麼都要十進位，由數字主導她的生活。

　　數字占據了我們的生活，沒有了數字這個世界大概會亂了套，從每天早上起床最先接觸的就是時間，買早餐花了多少錢，要搭幾號的公車去上班或上學，數字無時無刻都出現在我們的生活裡。曾經有段時間我也有過某種偏執，例如：搭車的時候，每經過一根電線桿就要眨一次眼，呼吸的時候必須把氣吐乾淨再吸下一口，把廢紙丟掉的時候一定要折到最小，每天洗澡一定要洗眼鏡和室內拖鞋，如果沒有做到的話，心裡會特別難耐。

　　葛蕾斯和男主角謝謬斯進行了一段戀愛，而謝謬思覺得葛蕾斯這種數字偏執是一種病，於是耐心的陪她治療，卻因此進而埋下了爭吵的伏筆，葛蕾斯最終還是選擇自己最舒服的生活方式。作者用生動的文字刻劃了女主角，也可以看出作者在數字上所做的功課。

　　其實現實生活中也不乏這種案例，如果喜歡一個人，愛一個人，為何又要去改變對方，強迫對方成為自己心中理想的模樣？

　　文末有段話非常令人值得細細品味：每天，發生數千件小事情，如果你沒注意，如果你不小心，如果你不掌握它們，讓它們變得有意義，你就錯過了。

　　你就可能錯過了整個人生。

《第二人稱單數》

文：風見喬

　　一開始被書名吸引了，加上作者薩伊德‧卡書亞的背景，以及第三世界的生活狀態，令我更好奇這本書究竟可以給予什麼？故事一開始是以一位住在猶太區的阿拉伯律師為開場，作者很詳細的描述這位律師的生活，例如與妻子和女兒的相處，和工作，讀了幾頁之後會覺得有些乏味，甚至會有放棄繼續閱讀的念頭，但還好作者的節奏抓得很驚險，瞬間讓故事有了新的躍動，因為律師發現了妻子手寫的一張紙條，上面寫著：「我等你，你沒來，希望你一切都好。我想謝謝你昨天帶給我美好的一晚，明天打電話給我。」進而引發了想殺妻子的念頭，促使讀者繼續往下讀。第一章的主軸，作者以第二人稱的手法來描寫，為的就是替後面的故事鋪陳。

　　第二章開始，轉換成第一人稱「我」的視角敘述另一個故事，隨著劇情發展，可以發現主角是一個剛從以色列的大學，就讀社工系畢業的阿拉伯青年，因為不想回到巴基斯坦，所以在一間以色列的戒毒中心擔任社工，有天戒毒中心來了一位美麗的女實習生，兩人一起參加了畢業舞會，但阿拉伯青年卻因為某些原因提早離開，之後在信箱上看到一張紙條，寫著與第一章節一樣的紙條，看到這裡，會發現故事漸漸有了交集。

　　作者貌似想用婚姻外遇來隱述國家與種族間的矛盾，其實如果對第三世界的文化有更深層的了解，再來看這本書，或許能夠更理解作者想表達的涵義。

《正義：一場思辨之旅》

文：風見喬

開頭標榜著「正義」是不是就是真的「正義」?其實只是一種思考能力的訓練,書中一開始提到了思考正義的三個角度,分別是增進福祉、尊重自由、提升美德,並且各分別列舉狀況讓讀者去思考。

此書提到了幾個觀點,第一是邊沁的功利主義,追求的是幸福最大化,例如最有名的電車問題,當兩邊都是需要作出抉擇的關鍵時刻,大多數的人都會做出造成傷害最小的決定;第二是自由主義,只要我喜歡有什麼不可以,例如賣腎、代理孕母、及募兵制;第三是社群主義,人類是群居的動物,應該要對自己和社會負責,有貢獻,目的就是要促成良善的人生。

本書裡提到的問題其實沒有標準答案,一切純看個人的思考能力,反覆咀嚼並利用不同觀點去思考。何謂正義?大概沒有人可以說出一個標準答案,現在網路發達,只要有人做出違反大多數人的心中價值觀,就會被發佈到網路上肉搜,並且開始撻伐,開始實行所謂的私刑正義,這樣的正義難道就是真的正義?

隨著時代的進步,資訊的提升,許多人開始道德淪喪,沒有建立起一個正確的理念與態度,更可怕的事還會引起一些歪風。本書著重於提升個人思維與判斷能力,與日本導演北野武的《說真話的勇氣》有些異曲同工之妙,因為我們每個人的心裡都有一把尺,只要不違背自己的良心,都是正義的。

《BA357》

文：風見喬

　　BA357 是一趟班機的編號，由台北飛往香港再轉倫敦，也是女主角敏嘉前往愛情的路上，這本書是有點半自傳的寫法，前半段有些真實故事的參雜，到了後面時間順序及人稱有點令讀者錯亂。

　　敏嘉為了一段愛情，在還沒完成大學學業前偷偷溜去了見那個令她神魂顛倒的日本人 FUJI，在敏嘉眼裡他是一個浪漫有魅力的人，常常很關心她開不開心，把自己捧在手心上，像個小公主呵護似的，但因為 FUJI 常常突然的消失，引起了敏嘉的好奇心，決定一探究竟，赫然發現這個自己心愛的男人竟然已經結婚，還有兩個女兒，如同作者所述，「如何縝密的謊言，總有被拆穿的一天，這是定律。」

　　故事走到敏嘉的好友 LEO 身上，這段故事使用了第三人稱，反而令讀者開始有些模糊，閱讀起來也有點辛苦。敏嘉與 LEO 之間存在著一種曖昧的感覺，敏嘉的確喜歡 LEO，喜歡依賴他，甚至喜歡這種曖昧的感覺，講白一點，敏嘉就是把 LEO 當成工具人，而 LEO 也就是傳說中的李大仁，一直守護著敏嘉。

　　敏嘉對於 FUJI 的愛情是強烈的，畢竟這是她深愛過的男人，從倫敦回到台灣完成學業後，還想再次前往倫敦找 FUJI，可當她與 FUJI 見面後才發現，原來她愛的人是 LEO。或許愛情都是這樣的，我們都曾經迷茫過，在陷入一段意亂情迷的關係中，是可以奮不顧身的勇往直前；但當我們成熟了，跳脫這段關係，才會發現原來身邊有個默默守候已久的人。

《過於喧囂的孤獨》

文：風見喬

這本書只有短短的 150 頁，但讀完後卻會令人覺得沉重，一種心裡透不過氣的感覺，必須經過一段時間才能消化。

漢嘉是一名打包工人，三十五年來每天用壓力機打包廢紙和書籍，也在這過程中吸取了知識，每一包被壓縮的廢紙都是漢嘉濃縮後的精華，在作者的筆下，漢嘉透露出一種無奈，對於生活在底層的小人物，他無法改變現狀。然而所謂的孤獨並不是真正的孤獨，而是心靈上及思想上的孤獨，甚至有種「高處不勝寒」的意味存在。

漢嘉他愛書，喜歡看書，他看著那些被壓力機摧毀的書籍覺得非常痛心；書裡提到，這些人們總想偷渡一些書籍，繞過檢禁的搜查，卻沒有一次成功，而都被轉回到那個陰暗的地下室裡，在那個代表「工作」的「壓力機」下接受粉碎的命運。在底層生活的市井小民，命運就是如此，一直被社會高層的人統治，必須遵守他們所訂定的制度，而自己的意識只能被壓制。

隨著新時代的來臨，新型的壓力機誕生，漢嘉和其他打包工人只需把書放到傳送帶上，機器便會用迅雷不及掩耳的速度將大批的書籍粉碎，此時漢嘉體悟

到想要再從書籍裡獲得知識來改變生活是不可能的
事了，於是用無聲吶喊的方式來結束自己的生命。如
同現在資訊時代的來臨，許多人已經不再看書，甚至
連書局也都很少再踏進，古人所說的「書中自有黃金
屋，書中自有顏如玉」，大概要改成「網路自有黃金屋，
網路自有顏如玉」了吧！

《總裁獅子頭》

文：風見喬

　　無意間在臉書發現了作者葉揚的網站，她運用了活潑有趣的方式書寫一家三口的生活趣事，作者是有點粗線條的媽媽，家裡有個有點外星人邏輯的爸爸，還有個金牛座務實個性的小男孩羅比，三個人的對話集結成了一本書。

　　書名為《總裁獅子頭》，不是希望羅比變成總裁，而是他常常語出驚人冒出一些像大老板會說的語詞，尤其對建案或是土地特別有興趣，令葉揚不忍懷疑羅比上輩子可能是營造業的大老闆。

　　這本不是教育書，但從字裡行間不免可以發現他們用小孩可以理解的方式去解釋小孩的疑問，雖然常常被小孩反吐槽，但這就是小孩最真實的反應。當我們漸漸長大成人，開始被社會化，面對人事物都要特別小心，有時候甚至還有點虛偽，但小孩有時語出驚人的言語，大人聽到反而會覺得可愛，但如果換成大人可就變成被白目了吧!如同《甄環傳》裡，甄環叫瓏月摔破九連環，摩格雖有點生氣，但看在對方是個小孩也就忍住怒氣，不便計較。

　　教育小孩從來不容易，現代許多年輕父母希望與小孩能夠用朋友的方式相處，不再延續傳統權威的方

式，盡量跟小孩之間無所不談，而不是只有服從，甚至也可以從小孩的角度去了解事情不同的層面。

　　作者葉揚亦持續在臉書將每周發生的趣事發表在臉書，心情不好的時候看看她們的對話，可一掃陰霾，到最後反而會開始期待她的周記了。

《最後的審判》

文：風見喬

　　這本書帶領讀者了解每件官司的背後有多少悲哀與辛酸，有些事件上過社會新聞頭條，但我們都只了解了片段，因為「事不關己，己不操心」，我們大多帶著看戲的心態，反正鋒頭一過，誰也不會再提起，但在被害人的心中最可能是永遠抹滅不掉的傷痛。

　　作者呂秋遠是一名律師，也常常在網路分享許多法律觀點，更常站在女性的角度替女性族群發聲，也因此累積許多粉絲，也可以稱作是一位網紅律師。這本書先以 2016 年「小燈泡事件」作為故事的起頭，還有 2014 年「捷運隨機殺人事件」兩起故事的改編，這在當時都對社會造成了相當大的轟動，尤其小燈泡的媽媽用堅強的形象呈顯在鏡頭前，讓人忍不住佩服她，最後還甚至當上了民意代表，目的也是要改革法律的缺失。

　　社會上流傳一句話:「法律不是保護好人，法律是保護懂得法律的人。」

　　法律的確是有不完善的地方，因為人本就不是完美的，訂定出來的法律也不會是完美的，如果不想法律淪為有權有勢者的工具，我們更加要維護它的公正。法律也是用來維護公義的，但我們會在憤恨不平

的情形下動用私法，或是自以為是地當起正義魔人，但這樣做也卻也違背了法律精神。

我們生活在一個法治的社會，建立一個正確的法律觀念是這個社會首當其衝要做的事，如果法律只是淪為有權有勢者的工具，這樣的社會會變成怎樣的社會呢?我相信法律的精神也會蕩然無存了。

《十二夢》

文：倪小恩

　　每天的每天，對男主角來說就是場惡夢。

　　在學校遭受霸凌的日子，一天比一天還要嚴重，周圍的同學們眼冷旁觀，而老師知道他被班上同學欺負了也漠視不處理，對他來說，學校就有如地獄般。

　　而在某天被拖去廁所霸凌後，他最後失去了意識，等恢復意識之後，現實生活的時間已經過了三個多月，他沒有這三個月的記憶，也不知道在這三個月的期間發生了什麼事情。

　　多年後，他才從周圍朋友的口中得知這份真相，原來那三個月的期間他變了另外一個人，這個人恐怖至極，說話惡劣傷人，在當時被霸凌的時候，這個人直接加重反擊回去，造成那些原本要霸凌他的人紛紛送醫急救。

　　原來是他體內深藏的另外一個人格，冷冽無情的性格與懦弱的他完全相反，這個人格做了他一直以來不敢做的事情，比如直接狠狠傷害那位愛對學生性騷擾的老師，更是直接揭開父親的外遇事實，戳破美好家庭虛假的表面。

　　男主角掙扎著，他本來很討厭這個人格的存在，可是在知道許多事情後，他想與這個人格共存，然而

這是一件不可能的事情，因為一個身體中只能存在一個人格。

關於霸凌這件事情，每所學校都有可能會發生，被霸凌的那一方不敢開口求救，而霸凌人的那一方變本加厲，就算最後師長知道，也無法真正的解決。

加上自家家庭的和諧全都是假象，種種的因素造就了男主角第二人格的出現，我覺得這樣的人格反倒是男主角一直以來所追求的，他內心渴望能夠解決眼前這些問題，但他不敢自己行動，於是就創造出了第二人格。

這本書不同於一般的校園小說，並沒有校園小說的青春歡樂，有的只是血淋淋的殘酷，從頭到尾的劇情充滿著刺激，劇情的發展也超乎我的預料，閱讀起來有著過癮，卻也有著感傷以及無奈。

《長夜》

文：倪小恩

　　長夜這本書有四位主角，四個角色分別有著不同
的悲傷故事，乍看之下是不同的獨立故事，但閱讀後
會發現其實彼此之間的角色是有關係的，也因為關聯
性，讓整體故事的張力更加十足，撼動人心。

　　第一位主角，是一位剛失戀去跟蹤人家的女大學
生。

　　第二位主角，是一位不紋翅膀的刺青師。

　　第三位主角，是一位有個褐色眼睛的帥氣混血
兒。

　　第四位主角，是一位美麗的神祕女子。

　　四位角色有著不同的悲傷故事，他們紛紛活在無
止盡的黑暗中，沒有人可以解救的了他們，於是他們
用很荒謬的方式繼續在黑夜中生存。

　　然而，真正能夠解救的其實是自己，只是那些赤
裸裸的殘酷真相，有如烙印一樣，無法真正忘記，也
無法真正放下，那些受過的傷，也無法真正的痊癒，
於是最後只好選擇墮落，讓自己繼續的迎接這漫漫長
夜、遠離陽光。

　　這本讀起來很沉重，種種的黑暗殘酷面震撼著
我，身為讀者的我們能夠清楚的了解故事全貌，可是

身為主角的他們只能知曉一部分的事實，他們是用自己的理解方式去理解那些表面上看到的事情，也因為這樣子的關係，有著濃綢的遺憾感。

　　故事讀完後覺得胸口很悶，有種呼吸困難的感覺，真的無法想像作者本人是寫青春校園愛情小說起家的，可是這本書也讓我對她刮目相看，她不斷的突破自我，沒有設限。

《城境之雨》

文：倪小恩

　　哇！既晴老師好久沒有出書了呢！應該有十年的時間了。

　　這是當我得知《城境之雨》這本書即將上市時，心中有的第一個感想，因為自己本身就很喜歡閱讀推理懸疑類型的小說，當時經由表哥的推坑以及送書，我才開始接觸既晴老師的作品，所以在閱讀完那些書後，一直期待老師能有新書呢！

　　這本書裡面的偵探叫張鈞見，是既晴老師筆下誕生的本土偵探，若你同樣也是老師的讀者，你會發現這個角色穿梭在很多本故事中，就有如福爾摩斯系列一樣，因為睽違十年出書，所以這個角色也休息了十年(笑)。

　　細讀此書內容，會發現出現很多關於台灣的景物，比如台灣街道、台灣夜市、台灣生活等等，感覺好有本土的味道，身為台灣人的我在閱讀的時候，有種事件貼近身邊的親和感在。

　　裡面有四則故事，意味著四個案件，其中一則故事還影視化直接搬上電視裡，我同時有看電視跟小說，心中覺得有點可惜，應該把四則故事都拍成電視劇讓更多人看見的！可能是因為經費考量的關係吧。

　　而近年來因為疫情襲捲全球的關係，老師同時也將疫情時事融入在書裡面，因為生產口罩而衍伸出的利弊問題，進而有了受害者，連這題材竟然也可以被採用而寫成懸疑故事，真是讓我佩服萬分。

　　也期許既晴老師能夠繼續創作下去，不斷的出書。

《遺憾收納員》

文：倪小恩

　　《遺憾收納員》是我閱讀肆一的第一本書，也是因為這本書，而讓我認識了這位總是用溫暖文字來創作的作家。

　　「遺憾的存在，讓我們更珍惜現在的擁有。」

　　這句話是這本書裡我最喜歡的一句話，在我們的人生當中，總是會遇到許許多多的遺憾，如果當時說了什麼話，或是做了什麼事情，那麼接下來事情的走向是不是會好一點？

　　這本書帶了點奇幻設定，裡面有五則故事，五個不同的主角以及遺憾，乍看之下紛紛是獨立故事，可是閱讀到最後會發現每一則故事環環相扣，人物都有關聯，因為一場車禍的發生，而改變了這五個人的命運，也徹底改變他們周圍的人的人生，包含了親情、愛情以及夢想。

　　閱讀完這本書，會有種溫暖的感覺，明明每一則故事都有著遺憾，可是他卻在這些遺憾中做些奇幻的彌補，肆一的文字是有力量的，而這份力量不失溫柔。想起過去我們錯過的每一件事情，都是學習到一個經驗，抱持著這份經驗，如果下次遇到同樣的事情，便會知道怎麼去做了。

　　就如同裡面提到的一句話：「遺憾就像是雨傘上的小破洞，遇上雨天便涔涔滴著水，不知不覺淋濕一身。將遺憾傳遞到過去並不是為了要改變什麼，而是為了填補漏洞，遺憾收納員就像個修傘的人，替每個人修補心理的缺憾，至少日後下雨，可以不再濕透。」

《超能殺人基因》

文：倪小恩

　　這本書是既晴老師多年前的一部作品，作品歸納在推理懸疑的類別。

　　由於既晴老師過往的懸疑作品中會帶有一些奇幻的元素，比如穿越時空回到過去或是牽扯到一些關於黑魔法等等的神祕力量，因此在閱讀這本作品的時候，尤其在前半部讓我們體驗到那神祕的科幻傳說，我更加這麼認為這本書有著奇幻和科幻的元素。

　　但如果殺人事件牽扯到奇幻的元素，好像就不是純推理小說了，閱讀到中間，我們彷彿成為故事裡面的旁觀者，屏氣凝神細細品味著接下來故事情節的發展，任何的畫面都不容許錯過，那些玄幻的傳說聽起來好像真的有那麼一回事，每個邏輯都說得通，事情的前因後果也沒有任何的矛盾之處，眾多個解釋不出來的謎，種種的敘述讓我真的相信了這個傳說的真實性，這個傳說就是關於在多年前一個因為基因改良而可以飄浮在空中的嬰兒。

　　可是接下來劇情的反轉，讓我深深佩服既晴老師的功力，這也是我驚嘆連連的地方所在，所發生的命案若以這看似真實卻又看似虛幻的傳說嬰兒來解釋，是可以說得通，但主角張鈞見最後依邏輯漂亮的解決了這兩件殺人命案，順道點出了真實的人性。

　　而這所謂的傳說，最後真的就只是傳說而已，是基於人性黑暗面而創造出來的杜撰，這整篇故事精彩連連，彷彿看了一部精采的電影。

《遲來的幸運》

文：倪小恩

　　之所以會知道這部作品，是因為這本作品在文學比賽中脫穎而出，我才有機會認識並且讀到這本神作。

　　我想這本書是我近幾年來最喜歡的懸疑愛情作品了，內容偏向黑暗，帶了點寫實與殘酷，再加上有著男女主角純愛的元素，讓人忍不住繼續閱讀下去。

　　作者的文筆溫柔細膩，細膩到每個場景的描繪都可以在我腦海中有著畫面產生，除此之外，角色的描寫也很鮮明，每個人都有一段無法面對的悲痛，角色情緒的渲染力很強，強到讓我們這些旁觀者的心情可以跟著每個角色的情緒走動，每件事情的發生都是那麼的不得已與悲痛，讓人忍不住跟著心疼裡面的角色，閱讀完這本作品後真讓我覺得意猶未盡，心中有著惆悵，讓我真的好喜歡這本書。

　　其中，最讓我敬佩的尤其是懸疑推理的部分，劇情不停地翻轉，張力十足，當你已經認為兇手是這個人的時候，在最後所有的證據又突然指向另外一個人，整個劇情中，所有的鋪陳節奏都掌握的剛剛好、不多不少，就是那麼的剛好，我想若有機會拍成戲劇的話，應該是精采連連、拍案叫絕。

　　而且作者很用心，在創作這作品的時候做了很多功課，不僅是犯案偵查的部分，又或是一些法條或是案例，真的讓我從中學到了不少相關的知識，也難怪可以創作出這樣精采的作品。

《有你的明天》

文：倪小恩

　　這本書是我閱讀雨菓的第二本作品，與上一本作品相比，我發現作者的文筆進步很多，在描繪角色性格的時候變得更加細膩，角色也變得更加鮮明。

　　裡面的男女主角都有著一段不願意回想的傷痛，但在別人面前卻將自己偽裝的很好，這樣的設定其實就跟一般常見的愛情故事設定一樣，是關於救贖的故事，這類似的故事其實常見，可偏偏作者的文字細膩以及將角色描繪的鮮明動人，讓整體故事有著強大的渲染力，好像裡面的角色是真實存在於這世上一樣，加上背景的設定是有關於娛樂圈，又帶點師生戀，這有著突兀特別的角色設定讓我不禁覺得有趣，因而有著繼續往下閱讀的想法。

　　兩位有著傷痛的人，彼此吸引、彼此救贖，為彼此漸漸敞開心房、漸漸接納著彼此，最後進而有了感情喜歡上對方，中間的過程難熬辛苦，情緒的拉扯描寫讓我們彷彿同樣歷經在其中，能夠感受到他們的所有情緒與心境轉變，也跟著他們哭、他們笑的，最後當然跟著角色們一起勇敢、一起成長，一起忘卻傷痛而撥雲見日。

　　另外，我覺得這本書的書名取得很動聽。黑暗，每一晚都會來臨，意味著那些傷痛偶爾還是會想起，但只要有彼此相伴在身邊，也就有著期許每一個明天到來的理由，這樣就算傷痛想起也沒這麼難過了，因為對方會一直相伴著自己。

《深海》

文：倪小恩

　　這個故事是作家晨羽的出道作品，算是經典之一，是描寫關於青春的疼痛故事，每每讀完後心中總是沉重。

　　不知道對大家來說青春是什麼？是平淡無痛的，還是有著椎心之痛的回憶？因為身處在青春期，迎接而來的問題都是那麼粗淺無經驗，都是初次的面對，也因此這些在青春裡發生的事情，最為深刻，留在心上的傷痕也越大。

　　這本書中不只描寫關於愛情，另外還有親情與友情，而對於愛情的描寫，不只是對異性的喜歡，還牽扯到了同性之愛，讓整部作品更為豐富，卻也更為糾結與精采。

　　作者的文筆細膩，尤其在描繪情感的部分更為明顯，女主角喜歡上自己的同性好友，在愛與不愛之間拉扯掙扎，心中糾結的痛苦讓人心疼，眼睜睜的看著自己所愛的人與男主角在一起，想祝福卻說不出口，好不容易讓自己遠離他們兩人的世界，但之間的緣分依舊沒有斷，過了幾年後，三個人終究還是重新遇見。

　　對於女主角的情感，男主角早就看在眼底，也許兩人之間有著相像的地方，最後不自覺的互相吸引、相知相惜，然而他們並不能在一起，有很多現實面的阻礙讓他們不得不遠離，尤其他們之間還有著「她」的存在。故事最終的結局他們三人誰也沒有和誰走向永遠，三人各自往自己的旅途前進，誰也沒有為誰停留，彼此有著遺憾在，但卻也是最好的結局了。

《無法盛開的花》

文：倪小恩

　　這部作品是盼兮連載在網路上的作品，從以前到現在我就很喜歡盼兮的文字，帶點中國風格的文雅，讀起來清新又溫柔，會讓人忍不住一直閱讀下去。

　　一開始，這本書讓我以為是有關於師生戀的愛情故事，可是其實不全然，在閱讀過後才知道內容懸疑居多，師生戀的比例反而少少，男主角一出場就很神祕，雖然身分是老師，但依舊讓人不禁猜想他的真實身分，而且他不斷的做出看似能夠預知未來的事情，救了女主角幾次，我忍不住猜測男主角是不是來自於未來。盼兮是一位擅長寫奇幻故事的作者，所以我就這樣猜測了，大部分有關於來自未來的小說作品也幾乎都是這樣，然而這本作品卻跳脫出這樣的老梗設定，讀起來讓我有著驚奇感，好像剝洋蔥一樣，一層一層的剝開，我一直很好奇這故事的結局以及謎底，沒有想到卻出乎我預料之外。

　　也沒有想到中間男主角就這樣死了，我讀到這裡的時候目瞪口呆，接著時間帶到無數年之後，長大後的女主角與男主角相遇，所有的謎底才因此全數出來，原來男主角是來自於很久以前的過去，在穿越到很久以後的未來與長大的女主相遇，從女主角的口中得知了女主角的過去，因此回到女主角的過去，參與她的青春人生，最後拯救了女主角，而在這相遇的未

來中，女主角的記憶也因此全數更改了，在她過去根本就沒有與男主相遇過。

　　雖然有點難懂，可是細細品味後，才瞭解所有的前因後果，讀到最後後勁很強，讓我對作者這樣的設定感到佩服。

《來自遙遠明日的你》

文：倪小恩

作者 MISA 筆下所創作出的小說類型極為廣泛，從愛情、恐怖、人性、奇幻的類別都有，這本作品是屬於愛情的類別，當中帶了一點點的科幻，是關於一位來自於未來世界的女孩穿越時空回到二十一世紀的所發生的事情。

作者所設定的那個未來世界，是機器人所主宰的天下，而人類因為種種的因素，引發了第三次世界大戰，最後因為環境破壞以及物資缺乏導致滅亡，接著是機器人的統治時期，機器人在後期的時候創造出了新人類，但因為有了前車之鑑，因此經過多次的基因改造，未來的人類是沒有『情感』的，叫永平人，顧名思義：永遠和平。由於沒有了情感，他們和平共處，不會有任何的紛爭與吵架，但相對的人與人之間的相處不會有任何的感情，他們喜歡獨處，不喜歡來往，每個人都是一位冷漠的人，比如有人不小心跌倒了，周圍的人淡淡瞥了一眼，不會有人肯上前幫忙。

在這個冰冷的世界中，女主角卻是一位有著豐富情感的人，因此她被高層的人選上為回到過去的人，高層的人告知她需要回到過去與一位男人相愛，需要將有著豐富情感的基因給帶回來，以便讓這裡的世界變得不再那麼的冷漠，於是她到了過去，順利的與一位男生相戀相愛，原本以為是美好結局，可是殊不知所有的事情都是有預謀的，最後劇情來個大逆轉，讓我意想不到。

《密室逐光》

文：倪小恩

　　這本是知名作家李穆梅早期的第二本作品，而且出書的時候作者才只是個大學生而已，所以我對她感到欽佩。

　　這部作品是描寫關於死人復活的故事，帶點玄幻色彩，有著瑰麗般的神祕，內容讀起來引人入勝，雖然說是死人復活的題材，但並不是殭屍鬼怪，讀起來一點都不可怕，反而替這位被復活的角色感到心疼不已。

　　內容述說著一位在戰爭時期因為被關入毒氣室而過世的軍人，理應死者遺體的處理後已入土為安，然而因為軍方的秘密試驗，已經過世的男主角被選為試驗者，在他以為自己已經死亡了的時候，卻突然睜開眼睛，被迫接受著這已經經過了七十年的世界，他被軍方佯裝是一位普通的高中生進入一所高中裡入學。而女主角在某次出遊的時候，偶然闖入一間民宅，曾經看過牆上的黑白照片，被照片中的英勇軍人吸引注意，沒有想到，班上突然來的轉學生卻與那張照片上的軍人長得一模一樣......

　　由於世代的變遷，很多的價值觀與文化的變遷都與他待的那一世代截然不同，男主角看不懂英文，連簡單的英文字母都不會，因此無法與大家一齊學習，

他不明白為什麼會有性愛片的產出，也不明白這世代的女生怎麼會直接向男生投懷送抱的，復活之後有許許多多的事情衝擊著他，他無法理解也不能接受這一切，讀著這本書，我能夠感同身受，當自己從長眠醒來，原本認識的世界成了一個不認識的世界，內心應該是孤獨的。

其實有許多的戲劇都是以穿越為主題，大多都是走詼諧好笑的路線，但這本作品不然，不僅是探討著人性、世代的變化與文化的衝擊，讀起來是惆悵苦悶的，另外我也喜歡作者的文筆，很有中國風的味道，很推薦大家可以閱讀這本作品。

《對你心動的預言》

文：倪小恩

　　自從多年前買了琉影的第一本作品後，我就喜歡上她溫暖又流暢的細膩文字，因此之後她出的每一部作品我都有看，算是她的小小粉絲，她每本書中的男主角總是有個吸引人注意的帥氣外型，但卻不像通俗言情小說那樣子的老梗設定，筆中的男女主角彷彿就是我們身邊會出現的那種普通人。

　　這個故事包含了穿越時空的奇幻元素，也是我喜歡的元素設定，內容訴說著在經歷種種悲慘事件的女主角在某一天突然穿越到了一年後的世界，她發現自己與男主角是一對恩愛的男女朋友，然而，在還來不及接受這一切的時候男主角卻在她面前出了場死亡車禍，對於男主角的死她感到悲痛萬分，突然驚醒後卻發現這一切都只是一場夢，現實中的她與男主角僅僅是相見幾次的陌生關係。原本以為僅僅是一場夢，卻沒有想到接下來有些與夢境相似的事情一件一件的發生，因為她害怕未來會像那場夢一樣，所以不斷抗拒男主角的接近，試圖與他拉遠距離，可是男主角卻希望能夠把握住當下。

　　這本書以穿越時空為主流，描述一段青春的愛情故事，過程中有淚水也有歡笑，有著酸酸甜甜的感觸，讓人不禁想起高中時期的自己，也試問著自己若能回到高中時期，自己會想要改變什麼事情呢？但不論想試圖改變什麼，珍惜當下才是最重要的一件事情。

《如果你也聽說》

文：倪小恩

　　晨羽的作品從一開始早期令人感動的青春愛情催淚故事，最後作品路線開始有了變化，我看過她寫的搞笑愛情、黑暗愛情，也看過她寫的奇幻故事，然而，這本書卻是充滿著沉重的寫實黑暗故事，過程中有著懸疑，讓人不禁猜想著每位主角的真實身分以及事件的真相到底為何。

　　出道幾年後，晨羽的敘事方式越來越有技巧，文筆越來越好，會故意用一些小事件誤導讀者，當我們認定事實就是我們所想的那樣的時候，畫風卻突然一轉，開始有了矛盾，看故事就像剝洋蔥一樣，一定要剝到中心才知道整個故事的架構，這故事一定要看到最後才知道所有的真相，而所有的真相都與我一開始認為的大相逕庭，我所以為的加害人，其實是一位受害者，這樣的反轉敘事方式讓我驚呼連連。

　　關於受虐兒，新聞偶爾會見到幾樁被爆發出來的事件，人們見到會痛心苛責，可當事件沒落了，就會被遺忘，而浮上檯面的新聞事件只是冰山一角，這世界上有很多我們不知道的地方正在上演著悲劇，這個故事也暗諷著這件事情，他們以他們的方式在求救，可是這些求救方式到底有沒有被人給注意到才是重點。

　　這本書閱讀起來有些的燒腦，可是沉重與痛心占多數，很替這些角色們心疼，但我們所能夠做的事情就是幫助身邊有這樣遭遇的人們，就如同這本書的書名，如果你也聽說他們的故事，你一定會替他們感到難過。

《鳶人》

文：倪小恩

　　這本作品為第四屆金車奇幻小說的首獎，而自從我閱讀過李穆梅先前的作品後，對於她會得文學獎這件事，我已不會覺得意外了，甚至覺得實至名歸。

　　我一直很喜歡作者她帶有中國風的文采，當中又有些瑰麗般的神祕，故事明明是憑空想像的世界觀，在她的描寫之下好像真的有這個世界一樣，而她描寫故事的功力也令人佩服，閱讀的時候讓人覺得一幕又一幕的故事就在眼前上演一樣的真實……

　　鳶人，顧名思義是鳥人，可以在人與鳶之間變換外型，然而鳶人卻飽受人類的歧視，唯一能夠讓鳶人展現其才的地方便是戰爭前線。

　　這部作品設定在戰爭時期，描寫了戰爭的無情、軍方的冷血與殘暴，以及家人之間那難捨難離的親情與愛情，但我想如果這部作品的時間不是設定在戰爭期間，那麼讀起來必然食之無味，就是因為以動亂為背景，凸顯了人性跟自私，才覺得這故事精彩萬分，心情也因為男女主角的遭遇而覺得同情不捨，雖然以我對作者的了解，在閱讀到中間的時候我有猜想這部作品必然是以悲劇收尾，所以有著心理準備，然而閱讀到結果，還是忍不住覺得悲痛，心中雖然還是期許著能夠有個完美的結局，但並沒有，只有滿滿的感傷以及遺憾。

　　這也讓我更加喜愛作者，雖然大多在她筆下的男女主角都沒有完美的結局，可是我依舊為她的作品而著迷。

《青春絞死了貓》

文：倪小恩

　　這本作品是八千子寫的青春推理小說，也是我第一次閱讀他的作品。

　　故事的主軸有兩條線：一條是學姊當時自殺的真正內幕，另一條則是連續殺貓事件的真相，作者巧妙的運用同個時間點上，每一章節以不同角色的視角對於事情的描述，讓人讀起來腦中已漸漸的建築出這故事的每一幕畫面，閱讀故事就像是在剝洋蔥一樣，一層一層的接近真相。

　　當然，推理小說的真相肯定是讓人感到驚艷的，而且是完全意想不到，我確實在最後有被這份真相給嚇到，回頭再翻前面的來看，才意識到其實作者已經偷偷的埋下了不少的梗，只是當下在閱讀的時候並沒有多想，更沒有發現其中的矛盾所在。讀到後來發現這故事中每個角色都在各說各話，有的是說真話，有的則是扭曲事實，作者徹底以人性為主題來玩弄讀者，而究竟誰所說的才是真話，就得看到最終才知道。

　　這讓我想起人與人之間的相處，有時候對於同樣一件事情的看法與解讀會因人而異，其中有人為了某種理由隱藏真相扭曲事實，進而將這份資訊傳遞出去，所謂的誤會因此而產生，可是這份誤會源起於誰，有時候又不知道怎麼追究。

　　雖然這本故事前面有點悶，因為閱讀當下頗不理解為何作者會將學姊自殺與殺貓事件這兩個完全不相干的事情給寫入同一本故事內，閱讀到最後，才發現一切都是作者刻意的安排以及其巧思，也讓我知道所謂的青春，除了傷痛外，也有殘酷的黑暗。

包羅萬有的

《倪匡散文集》

文：破風

　　《倪匡散文集》並不是一本書，它可以是說很多本的書集合而成的。一向非常欣賞倪匡先生的散文，昔日在報紙連載，後來集結成書。除了《倪匡散文集》外，以前買了不少的如《不寄的信》、《心中不寄的信》、《倪匡說三道四》、《吾寫又寫》等等，這些散文集加起來都有十多本。

　　倪匡的散文比他的小說真的更吸引，主要是他的散文包羅萬有，什麼話題都會有，應該是跟他的知識廣闊，又有豐富的幻想能力有關。真的是上至天文、下至地理，古今中外無所不談，既然歷史、又會說書評、影評、甚至乎女人都會談談，讀倪匡的散文，知識都會有所增加，也是筆者參考題材的來源。

　　看倪匡的散文，最喜歡看他的感想，就是對某些事的想法，很多人說倪匡很有遠見，看過他的散文之後，還會有更多的認同。畢竟所謂有遠見，就是因為知識多，再加上理性及邏輯分析而作出預測，就是雖不中，亦不遠的境地，自然是有遠見了。

　　在散文裡，除了說教或感想外，他還會大膽地談到兩性關係，如何欣賞一個女人，如何與女性相處，甚至乎坦誠的認為性是維繫兩性關係不可或缺的媒介，他從不假裝，毫不掩飾，絕對是光明正大。

　　散文自然少了不政治方面的看法，而他一生追求民主自由，反對專制獨裁，其實除了散文外，小說同樣表達了不少。不過，因為散文一篇較短，對現代人來說，看散文就是比較輕鬆，不用擔心要連結追下去的壓力，當然，看過倪匡的散文，你還是會一樣想追看下去的。

能讓大家了解中東各方面的

《圖解伊斯蘭世界》

文：破風

　　在還沒有看《圖解伊斯蘭世界》之前，對中東的歷史文化只能算是略懂，但仍對某些人的觀點「中東如此多戰爭都是因為美國所引起」絕不認同，因為讀了歷史多年，雖然對中東的歷史只是略知一二，但至少知道，在美國立國之前的中東世界，還不是一樣，戰火連天超過一千年。

　　以前讀過的歷史書，有看到過米索不達米亞平原，而看到過的國名如：大月氏、大食、波斯、巴比倫、帖木兒、鄂圖曼帝國、花剌子模等等，一大堆國名，也難以全都記得住。那時候的戰亂，真的非常多。

　　當看過《圖解伊斯蘭世界》之後，對這句話「中東如此多戰爭都是因為美國所引起」就更加知道，美國雖然算是原因之一，但絕對不是主因。

　　為何會這樣說，看過書中的介紹，就必定會明白，戰爭的起因，有很多都是歷史遺留下來。除了爭權奪利外，宗教的衝突，同樣也是主因。

　　先說伊斯蘭教，原來與基督教及猶太教都有淵源，這已經為衝突埋下伏線，爭鬥不斷。再來，就算是同一宗教，同樣會引起內鬥，伊斯蘭教內的兩大派系，什葉派與遜尼派，勢如水火。再來就是出現了激

進的伊斯蘭教義、伊朗與阿拉伯又不同人種，還有猶太人的對立。

到了二十世紀中期，以色列的建國（或稱復國），當中還有包括英、美的介入，再加上民主與獨裁、石油供應、男女不平等的一大堆問題，當然還有蓋達、博科聖地一大堆不同派系的伊斯蘭教徒，筆者相信，即使英、美當年沒有介入，今時今日，中東地區還是跟過去一千年一樣，戰爭不斷。

本書最大的特色是在圖解，圖片繪劃得可愛，並且很清楚表達該章節的重點，方便閱讀，簡單而清楚，就算不太懂歷史的人，也一看就明白了。

而且，書中詳述世界各地的伊斯蘭教國家情況，除了印尼、伊朗、伊拉克、沙烏地阿拉伯、阿富汗等國之外，還提到埃及、敘利亞、突尼西亞等簡介，甚至連伊斯蘭國的成因都有提到，使讀者可以簡單明白中東及伊斯蘭世界的情況，絕對值得一看。

雖然看罷不能成為中東的專家，但至少對中東的了解多了一些，至少不會盲目的作出一些評論或分析，或多或少增加了知識。

台北與人生百態

《蔡詩萍之不夜城市手記》

文：破風

　　每次重新拿起蔡詩萍的書，都有一個相同的感覺，我真的看過嗎？儘管上面有螢光筆的記號，標示著我知道卻鮮少使用的詞藻；有整段畫起來的，那是曾經讓我震撼、感動、迷戀的段落，但我幾乎忘了；我甚至在每個章節的後面寫下當時的感受，但那又如何，既熟悉又陌生的字裡行間，我再度迷惘，他真的只是輕描淡寫，冷眼旁觀而已嗎？又或者滿腔熱血，卻深藏不露？偶爾會出現我完全不懂的字或詞，他真的是比我更高竿許多的作者。

　　於是我用了最笨的方式，重新再看一遍，然後再一遍，並且用最慢最慢的速度，一字一句的拆解他的文字，然後我得到了畫面，原來，這才是他要表達的？當我看到了虛擬的畫面，恍然明白他想傳達的是當時的心境、感覺，有時很直接的表達，有時卻拐彎抹角，不知道在閃躲些什麼？

　　這本書，表面上談的是台北市，實際上談了人生百態、台北的進步、光明與黑暗，作者精準地將許多場合會遇到的狀況、人物等，用他獨特的風格寫下，彷彿他不屬於這個世界，但他的內心，卻完全融入這個世界，這感覺就像他是落入凡塵的精靈或是神仙，或是被禁錮在台北的犯人般，逃不出台北的手掌心，既無奈又必須低頭，被迫接受這一切，不管是進步的一面，還是讓人傷感流淚的一面；讓我在寫之前，又咀嚼了一遍這本書。

是愛情嗎？

《藤井樹之貓空愛情故事》

文：破風

　　藤井樹的名字像日本人，但他是道地的台灣人，是近年來產量不大，但銷售量很大的暢銷作家，並且紅到對岸，因此在網路及二手書店，各大實體書店，幾乎都有擺放他的作品，他的敘事手法主要是來自內心，因此讀者可以不用想像，自動可以跟作品融為一體，彷彿自己就是男女主角，而內容則是非常詼諧有趣，深受讀者喜愛。卻也因為這樣的寫法，造成難以改編成劇本，只在二十多本作品中拍了「六弄咖啡館」，這是比較可惜的。

　　貓空，自從有了貓纜，不再是祕境，反而在假日車水馬龍，此處曾是產茶區，目前茶藝跟咖啡廳仍是此處主要的賣點，談情說愛者則喜歡在入夜探訪，因為台北的夜景是那麼迷人。一如之前的作品，作者花了很多時間跟橋段在內心戲上，營造出許多笑點，於是，又一本非典型的愛情小說誕生了，喜歡這樣風格的讀者，別錯過了這本嘔心瀝血之作。

　　愛情，會以很多形式出現，這部作品的方式滿特別的，我想應該絕大多數的人是不會有類似的經歷，這也是這本書的特別之處，書裡印著徐志摩的再別康橋，輕輕的我走了，正如我輕輕地來等等的內容，並把這首詩分開在幾頁裡，就像這本書那麼特別，如果，你忘了愛情的味道，如果，你懷念愛情的感覺，這本書會讓你全部想起來，並面帶微笑，甚或是淚流滿面。

意料之外的愛情

《連亞麗之意外的相遇》

文：破風

　　大約在五年前，我在逛舊書攤的時候，餘光撇見了一整排的書，上面的出版社是禾馬文化，作者全都是連亞麗，至少上百本，隨手拿了兩本，這本意外的相遇，有一個熟悉的臉孔印在封面上，她長得好像我曾經喜歡的一個女孩，於是就把書帶回家，但一直忙碌的我，讓這本書在書架上待了一年左右，後來，我在廁所裡斷斷續續看了幾十頁，又在幾個失眠的夜看了一些，到我手上整整兩年才看完第一遍，過程真是曲折啊。

　　愛情，會有很多種相遇的組合，青梅竹馬、同學、同事、鄰居、購物、搭車、興趣、搭訕等等，但意外的相遇考驗的是勇氣，一見鍾情之後，還得鼓起勇氣去追求愛情，愛會讓人改變，遇上了喜歡的人，除了情不自禁，還可能讓自己的大腦當機，怎樣也無法正常運作，就像是中毒的電腦，乖乖地任人擺布，又像是毒癮發作，除了多看對方幾眼，跟對方多相處一會，沒有別的方法，於是一頭栽進愛的世界，至於酸甜苦辣，只有身在其中的人才能體會。

　　連亞麗的作品幾乎全是愛情小說，超過一百本，都是淺顯易懂的對白與敘事，扣人心弦的內容，小女孩般的愛情幻想，足以喚起多數女人對愛的憧憬，每本大約十萬字的內容，彷彿是看一齣連續劇，或是一部電影，處處充滿驚奇，每一頁都可能是你我談戀愛時的場景，讓人一看再看，無法自拔。

小李飛刀：

古龍之《多情劍客無情劍》

文：破風

　　對於年輕一代的武俠迷來說，古龍這個名字可能非常陌生，遠不及金庸的名氣，而金庸的作品卻一而再，再而三地被翻拍，例如《倚天屠龍記》、《笑傲江湖》、《鹿鼎記》的連續劇各有八個版本，《射鵰英雄傳》、《書劍恩仇錄》有七個版本，《神鵰俠侶》有九個版本，其他的作品也都有拍成電影或連續劇，但其實古龍的作品也非常受歡迎，可惜去世之後，版權問題造成了非常多的麻煩，因此，必須在 2035 年之後，電影電視才能得到沒有爭議的改編權，在那之前，除非版權的問題得到解決，否則要重拍的只有一部分的作品。

　　古龍的代表作包含《楚留香》、《陸小鳳》、《絕代雙驕》、《多情劍客無情劍》等，其中最沒版權問題的《絕代雙驕》共有七個版本，《小李飛刀》也有六個版本，不過《小李飛刀》有版權的問題，否則重拍可能會有很多次，甚至可能超過金庸《神鵰俠侶》的九個版本，而《楚留香》，在 1982 年創下台灣電視史上的奇蹟，收視率超過百分之七十，主題曲更是大受歡迎。

　　這部小說，很難用三言兩語形容，有各式武功的對決，有腦力、正邪等等的對決，也有相似的對比，相反的對比，箇中精彩之處，唯有親自咀嚼，才能明白，是古龍的小說中，最值得推薦的，堪稱是武俠小說的經典，我甚至認為，沒有看過這部小說，就不算是武俠迷，就算看過了，也值得再翻幾遍。

幸福是什麼？

于晴之《當男人遇上女人》

文：破風

　　于晴跟席絹都是九十年代知名的言情小說家，最新的作品都在幾年前，這兩年已經沒有看到她們的新作。于晴的小說，字裡行間可以感受到滿滿的少女情懷，時而喜樂，時而悲傷，而且是帶有深度的，有人心難測，也有商場狡詐，還有複雜的劇情等等，除了這些，更有精緻的表情描述，不用在那邊猜測書中人的心情，既可以燒腦，也可以藉由風趣的對白或內容會心一笑，放鬆自己。

　　愛情的奇妙，無法用三言兩語解釋清楚，甚至也沒有標準可言，因為每個人要的都不一樣，有些人非常知足，只要能跟心愛的人在一起，就覺得那是幸福了，但也有人太貪心，無論對方付出多少，給了多好的物質生活仍然不滿足，那麼最後撕破臉也就不奇怪，走上離婚之路恐怕也是遲早的。

　　愛情是互相的，兩人必須用心去經營，也許其中一方可以偷懶，只付出一半，甚至更少的心力，但絕不能只是享受。愛情也必須是有智慧的，在一起之後總會有風風雨雨，看開點就能雨過天晴，看不開的，記恨一輩子，甚至就錯過了這輩子最愛你的人，因為不太可能有人可以一直受委屈，卻還是繼續付出，溝通才是正確的，冷戰跟猜疑只會讓裂痕越來越深，直到無法挽回，幸福，可以很簡單，也可能很複雜，很困難；目標設得太高，到最後可能什麼都沒得到，卻失去了青春。

職場百態：

蔡詩萍之《歐菲斯先生》

文：破風

　　職場是個既競爭又合作的地方，你的好同事，也是你晉升為主管的阻礙，但兩人得乖乖合作，否則就各打五十大板屁股，或是拖出去斬了，兩人都得離職，當一方升職，就會有另一方陷入低潮，心想，為什麼升職的人不是我？為什麼我的能力比較強，卻要聽他的命令，這就是職場殘酷的現實之一。

　　說話的藝術是非常重要的，但還是要看對象，有些人急性子，不喜歡拐彎抹角，直來直往反而可以得到信任，但也有人玻璃心，輕輕一碰就受不了，這種人就只能婉轉的說，甚至需要一點點地拍馬，當狀況不明時，多觀察一下再說，不必急於一時，開會時最讓人頭痛了，說對了不用太高興，得到一時重用也別慶祝，萬一負責的項目不如預期，被拖出去斬了的人就是你，不會是總經理或是你的上司。

　　大公司跟一個國家一樣，會有當權派，也有反對黨，當然也有保持中立的小職員，老闆們不是不知道，反而這種派系是老闆故意搞的，這樣才能平衡，才不會有人大權在握，有這樣的老闆就別強出頭，這種老闆最討厭功高震主了，就算你幫公司立下功勞，他也會想個理由把你踢走，甚至要求協力廠商不能錄用你，把你逼得走投無路，這樣才能保障他眼前的利益，不過這麼做也會有反效果，我曾看過復仇成功的，營業額數十億的公司不到兩年就倒閉，全因為斬了大功臣。

天堂與地獄是鄰居：九把刀之《我買過最貴的東西是夢想》

文：破風

關於九把刀，有太多太多的話題，但不可否認的，最火紅的還是電影《那些年，我們一起追的女孩》，為什麼這部戲會紅？而別的電影或書就沒這麼大的迴響？主因是這部電影是九把刀的半自傳改編的，劇中所有關於九把刀對於沈佳宜的感情多半是真情流露，而同學之間在追同校女生時，確實也會發生類似的情節，所以會得到真正的掌聲。

但其實九把刀早就成名，既是文學獎小說獎得主，也是暢銷作家第一名，粉絲數量不計其數，個人則是看過他比較早期的作品十多本，內容確實天馬行空，也很有趣，難怪能夠吸引無數的讀者，不斷地掏腰包購買他的書，這樣的暢銷作家，竟然還說買過最貴的東西是夢想，是希望新進的作家望而卻步減少競爭對手？還是真心話？

這本書，並不是小說，而是散文，你也可以說是手記，對於想深入了解他的人，這本書應該是首選，裡面有九把刀式的幽默，也有他最真情的一面，還有隨性、隨心，雖然不是真正的自傳，但某種程度來說，就是某些時段的自傳，因此，你可以從書中看到最真的九把刀，而不是從小說中反推作者的想法或心態，至於書名，我覺得不重要，因為夢想成真本來就跟中幾億的大樂透一樣難，重點是你要買了彩券，才有機會，夢想也一樣，你追了夢，才有機會實現，如果只是想，又怎能實現呢！

名人父親的一生：

林太乙之《林語堂傳》

文：破風

　　林太乙是林語堂的次女，曾任讀者文摘中文版總編輯，並著有六部小說，因此由她來撰寫林語堂傳，再適合不過了。在【序】之前，有一些珍貴的照片，年代涵蓋了林語堂的童年到老年，這個在近代文學中，神一般的傳奇人物，在女兒的眼中是什麼樣子呢？

　　林語堂生於清末，在那個動盪不安的年代，卻可以唸大學，並於二十四歲遠赴美國，取得哈佛大學比較文學碩士，接著在德國萊比錫大學拿到博士學位，有【幽默大師】之稱，是作家也是學者，同時也是發明家、語言學家，其中發明中文打字機導致破產，跟合作的賽珍珠對簿公堂，是生命中重大的事件，其實這本書包含林語堂的童年，直到去世後，著作被盜版的亂象都有著墨，對於想了解林語堂的人，這本書是必讀。

　　有個名人的父母親，對子女來說，有壓力也有助力，人家會記得林語堂的女兒，卻未必會記得林太乙這三個字，相信許多名人的後代、另一半、好友都會有這樣的感覺，但也有很多人是青出於藍而勝於藍的，心態調整好最重要，不論是體育界、演藝圈、政壇等都一樣，而在商界更是如此，即便企業家已經過世多年，人們卻還是只記得創辦人，就算後人將企業發揚光大，這情況也很難逆轉，但別忘了，有個名人父親，會讓你的起跑比別人有更多優勢，頂住壓力，助力就會源源不斷地湧來。

因為愛所以揮霍：

藤井樹之《揮霍》

文：破風

很久沒逛二手書店了，架上四本藤井樹的書是白色封面精裝版的，我沒翻閱就直接結帳，於是這本《揮霍》，還有《回程》、《微雨之城》、《漸進曲》就變成了我書櫃上的新書，雖然它們已經出版了一段時間，身為藤井樹的粉絲，還剩七本沒買，都集中在 2008 年之後出版的十一本，是否會買還要看緣分，基於環保的概念，這幾年買了幾十本二手書，尤其是曾經的暢銷書，而我原本是沒買的。

書中第五十三頁算是這本書的精髓之一，「我們這一輩子可能會愛上好多人，但也可能只會愛上一個人。」而結尾有一首歌，歌名就是《揮霍》，最後那幾句，也算是精髓，「所有愛情，都是巧合，感情是沒有極限的，從喜歡妳的那一刻，開始揮霍著。」並非我寫不出感想，而是我覺得這兩段，都深深打動我，因為我自己也曾經這樣，相信不少人也有同感吧！？

內容跟早期的那些一樣有趣，絕無冷場，該讓你笑的時候你一定捧腹大笑，該讓你心情落入谷底的時候，也絕不留情，從男生的角度寫愛情故事，感覺就是不一樣，畢竟幾十年來，瓊瑤的愛情小說統治這個領域太久了，以至於許多後者也用相同的手法在寫，不看封面，可能會以為又是瓊瑤的作品，但藤井樹的作品辨識度算很高，雖然是完全不同的段子，卻仍舊能夠猜到是他寫的，這就是藤井樹，讓人看了還想再看一遍、兩遍，甚至更多遍。

空手入白刃：

古龍之《陸小鳳》

文：破風

　　陸小鳳算是古龍小說的代表性人物，而小說內的其他人物同樣鮮明，眼盲心不盲的花滿樓、劍冷心不冷的西門吹雪、絕世孤傲的葉孤城、巧手朱亭、不夠老實的老實和尚、一正一邪的玉道人與老刀把子是同一人、陸小鳳的影子司空摘星是神偷等等，就算已經十年沒翻過這部小說，我依然記得這些代表性的人物，我甚至還記得篇幅不多的將軍、孫秀青、上官飛燕等等。

　　這部小說，基本上都是對照組，有跟自己比的，也有跟別人比的，上一段人物的敘述，已經說明了，有正有邪，有人眼盲心不盲，卻有人眼明而看不見真相，有人名為老實卻不老實，有人兩種身分，其餘的配角也都有類似的安排，劇情的安排則是曲折離奇，比較像是推理劇，跟古龍的另一部名著《楚留香》類似。

　　重新翻開內頁已經泛黃的《陸小鳳》，心中無限感慨，幾十年的時間就這麼過了，曾經讓人印象深刻的主角們也都已經老了，可是電視劇的畫面彷彿最近才看過，尤其是看過兩遍的衛子雲版本，陸小鳳豪邁的個性被衛子雲詮釋得非常棒，就算武打部分多半花拳繡腿，只有部分的真功夫，還是覺得非常有趣，以當年的拍攝環境，能夠表現這樣的效果已屬不易，但願以後版權問題得以解決，重新翻拍的版本可以更上層樓，讓這一代的年輕人看到不一樣的陸小鳳。

群雄爭霸

《飛燕驚龍》

文：破風

　　光看書名《飛燕驚龍》四個字，多數人肯定不知道這是本什麼書，它的別稱是《仙鶴神針》或《新仙鶴神針》，這時有在看電視的人就會知道，這應該是本武俠小說，但我們熟悉的那個新仙鶴神針是改編的，即梅艷芳飾演白雲飛，關之琳飾演藍小蝶的那部武俠片，基本上，所有的角色都換了名字，但保留了外號的有一陽子、金環二郎、玉簫仙子，萬年火龜變成了千年火龜，武林奇書歸元祕笈及天龍幫也維持原名。

　　《飛燕驚龍》原著多達一百多萬字，是臥龍生的成名作之一，想看完並不容易，份量大約跟金庸的《笑傲江湖》相當，每天花兩個小時，至少得數月才能勉強看完一遍，如果要有些印象，甚至能夠串連起內容，大概是三遍，等同要看一年，想看的人可以上博客來購買紙本。

　　書中的用字不算淺，時而簡單，時而華麗，有些現代，有些古文，有些字或詞需要有點中文底子才能看懂，建議邊看邊上谷哥查詢，除了可以快速了解內容，也可以增進自己的中文程度。

　　內容的格局並不小，有九大門派、天龍幫等，出現過的人物頗多，節奏上比較適合拍成連續劇，鋪陳及曲折離奇的故事非常吸引人，值得慢慢咀嚼，一字一句地透過想像力進入故事之中，而不是快速翻過，就像電影版那樣，只說了皮毛，卻沒辦法說全整部小說，有些可惜了。

是正常還是瘋狂？

《唐吉軻德》

文：破風

　　很久以前，這本書就出現在我家的書架上，不過我從未對它產生興趣，有一年，堂弟因為出車禍住院，需要有人陪伴，他又想看兩本書解解悶，於是我就帶了這本書跟《紅樓夢》到醫院探望他，十餘天之後堂弟出院了，他說這本書很有趣，希望多看幾遍，於是這本書就一直在他手上，直到兩年多後才回到家中的書架上，然後繼續上書架上擺著，這一擺就是十多年。

　　這本《唐吉軻德》再度離開書架的機緣，又是進了醫院，只不過這次看書的人是我，躺在病床上或許不太舒服，但這本書的確能夠忘卻病痛的存在，進入文字的世界裡，幻化成腦海中的影像，徹底改變了我對小說的印象，完全沉浸在畫面之中，好像自己就是唐吉軻德。

　　事實上唐吉軻德並不瘋，他比任何人都清醒，只是做了些人們覺得自不量力的事，但他一定不會成功嗎？如果我們的一生都不冒點險，不願意堅持做一些真正想做的事，那麼我們可能抱著遺憾帶進棺材，而不是圓滿的人生，無憾地離開。

　　《唐吉軻德》說的其實是許多人的縮影，多少人打籃球是為了進入 NBA，又有多少人踢球是為了進五大聯賽，多少人彈吉他唱歌是為了當明星，多少人創業是為了當企業家，但有多少人能成功呢？絕大多數的人注定要失敗，不是嗎？！那我們又跟唐吉軻德有何分別？

矮人歷險記：

J.R.R.托爾金之《哈比人》

文：破風

　　《哈比人》是暢銷小說《魔戒三部曲》的前傳，原著只有一本，但因為魔戒的電影實在太受歡迎，所以硬是把《哈比人》也拍了三部曲電影，在台灣可以買到的是聯經出版社出品，宅神朱學恆翻譯的版本，《魔戒三部曲》也是宅神翻譯的，這四本看完，應該就會對朱學恆這個人另眼相看，因為他是真的肚子裡有墨水的，跟螢幕上的形象完全不同，事實上，他翻譯的書還有幾本，也都是非常棒的。

　　不論是《哈比人》還是《魔戒》，想閱讀都是需要燒腦的，想像力豐富是不可或缺的，看的時候不要太快，維持腦袋可以運轉的節奏，把自己融入角色或畫面，你將會發現「書中自有黃金屋」這句話的意義，記住，別貪快而囫圇吞棗，如此才能從書中看到畫面。

　　二十年前看過魔戒首部曲電影之後，隔年又看了二部曲，再隔年看了第三部曲，然後一口氣買了三部曲的小說來看，之後是先看了《哈比人》的小說才看電影的，後來這四本書都有重新出版，不過跟我買的版本不同，至少外表不一樣，但新版我沒買，所以不知道有哪裡不同？

　　如果你從未看過六部系列電影，建議從《哈比人》的小說先看，然後才是魔戒的小說，接著才看《哈比

人》電影，最後才是《魔戒》的電影，除了先考考自己的想像力之外，時間軸也比較正確，不會有前後錯亂的感覺，只是《哈比人》電影的特效反而比《魔戒》先進，那是因為《哈比人》電影是後來才拍的，別太在意就好。

國家圖書館出版品預行編目資料

開卷隨筆／李維、風見喬、倪小恩、破風　合著-初版-
臺中市：天空數位圖書　2022.01
面：14.8*21 公分
ISBN：978-986-5575-76-2（平裝）
1.CST：推薦書目
012.4　　　　　　　　　　　　　　111001000

書　　　　名：開卷隨筆
發　行　人：蔡秀美
出　版　者：天空數位圖書有限公司
作　　　者：李維、風見喬、倪小恩、破風
編　　　審：亦臻有限公司
製 作 公 司：羅熙有限公司
美 工 設 計：設計組
版 面 編 輯：採編組
出 版 日 期：2022 年 1 月（初版）
銀 行 名 稱：合作金庫銀行南台中分行
銀 行 帳 戶：天空數位圖書有限公司
銀 行 帳 號：006-1070717811498
郵 政 帳 戶：天空數位圖書有限公司
劃 撥 帳 號：22670142
定　　　價：新台幣 330 元整
電子書發明專利第　Ｉ　306564　號

紙本書編輯印刷：
電子書編輯製作：
天空數位圖書公司　E-mail：familysky@familysky.com.tw　http://www.familysky.com.tw/
地址：40255台中市南區忠明南路787號30F國王大樓　Tel：04-22623893　Fax：04-22623863